© Copyright 2017: Rainer Kempkensteffen und Ingo Caspar
www.yoco-treff.de / www.derkonfliktexperte.com

1. Auflage

Das Werk einschließlich aller seiner Teile ist urheberrechtlich geschützt. Jede Verwertung, die nicht ausdrücklich vom Urheberrechtsgesetz zugelassen ist, bedarf der vorherigen Zustimmung der Autoren.

Das gilt insbesondere für Vervielfältigungen, Bearbeitungen, Übersetzungen, Mirko Verfilmungen und die Einspeicherung und Verarbeitung elektronischen Systemen.

Umschlagsillustration: fotolia.com

Fotoillustration: pixabay.com und ripl.com

Alle nicht gekennzeichneten Sprüche sind Kreationen von R. Kempkensteffen und I. Caspar

Einige Zitate oder Methapern haben keine genannten Autoren!

Lippstadt/ Mettmann 2017

Herstellung und Verlag: BoD - Books on Demand, Norderstedt

ISBN-13: 978-3-7448-9594-1

Wir danken unseren Familien und unseren Kindern.
Ihr seid die Größten und wir sind stolz auf euch!
Danke für Eure Unterstützung, gerade in den schweren Zeiten!

Vorwort

„Der Stress mit dem Stress" ist eines unserer beliebtesten Seminare. Millionen von Menschen fühlen sich in ihrem Leben gestresst und glauben in einem Hamsterrad festzustecken. Vor allem die vielschichtigen Herausforderungen im Alltag sind für viele Menschen unserer Zeit große Stressoren. Mit diesen Stressoren gehen oftmals kleine und große Begleiterscheinungen wie Kopfschmerzen, Nackenverspannungen und Übelkeit einher, die sich bis zu einer Depression ausdehnen können. Die Bandbreite der stressbedingten Empfindungen ist breit gefächert. Einige Menschen nehmen ihre Stressoren zur Kenntnis, haben aber nicht das Rüstzeug um für sich einen guten Ausgleich zu schaffen. Gut gemeinte Tipps hören wir oft. Aber was der gestresste Mensch braucht, ist eine individuelle Lösungsmöglichkeit, zugeschnitten auf sein ganz persönliches Leben. Gefühlt gibt es hunderttausende Ratgeber. Warum fällt es uns trotzdem so schwer, Angewohnheiten und Verhaltensmuster zu verändern? Ein möglicher Ansatzpunkt liegt bereits in unserer Kindheit. Gestresste Eltern haben bzw. bekommen gestresste Kinder.

Wir, Rainer und Ingo, haben uns auf einer Fortbildung kennen gelernt. Die Chemie zwischen uns passte von Anfang an. Im Austausch merkten wir, dass wir beide bewegte Lebensgeschichten haben und schon durch viele Stress- und Konfliktsituationen gegangen sind. Dadurch haben wir etwas Entscheidendes gelernt: **Das Leben zu leben!**
Aus diesen Erfahrungen heraus und durch zahlreiche Weiterbildungen haben wir eine ganze Seminarreihe entwickelt. Wir sind beide der Überzeugung, dass die gestressten Menschen die tollen Möglichkeiten kennen müssen um mit dem Stress umgehen zu können. So beschlossen wir diesen Weg gemeinsam zu gehen, um Menschen zu erreichen und sie auf ihrem Lebensweg zu begleiten. Unsere Seminare sind einzigartig aufgebaut, da der Kern, und damit das entscheidende Argument, unsere Teilnehmer und deren Themen sind. Denn nur so kann ein langfristiger und nachhaltiger Erfolg gewährleistet werden. Dieses Buch ist ein kleines Stück dessen, ein Werk in dem man immer wieder blättern kann um sich Inspiration und Motivation zu holen. Wir danken unseren Familien für die Liebe und den Support. Wir danken unseren Begleitern, die mit uns diesen Weg gehen. Dieses Buch ist unseren Kindern gewidmet, die wir voller Stolz begleiten, ihre eigene Reise des Lebens zu bestreiten. Wir sind immer für Euch da, wenn Ihr uns braucht.

In Liebe und Dankbarkeit
Rainer und Ingo

Hallo

mein Name ist Rainer Kempkensteffen, Vater von zwei Töchtern, glücklich verheiratet und Mitherausgeber dieses Buches.

Damit Sie sich ein Bild von mir und meinem bewegten Leben machen können, stelle ich mich Ihnen kurz vor. Mein sehr facettenreiches Leben, auf das ich später noch näher eingehe, hat mich eins gelehrt, nämlich das LEBEN zu leben, und das nicht zu knapp.

Aufgewachsen mit 2 Brüdern war bei uns zu Hause immer Action angesagt, an dieser Stelle schon einmal DANKE an meine Eltern, ihr seid großartig!!! Ich war bzw. bin der mittlere und derjenige, der sich nicht viel gefallen ließ und dadurch auch manchmal in Situationen geriet, nun ja, die aus heutiger Sicht auch anders hätten gelöst werden können.

Bereits in der Schule fing es schon an, dass mich meine Freunde an der einen oder anderen Stelle um Rat fragten. Ich spürte schon damals, dass ich als Ratgeber und Freund regelrecht gesucht wurde. Konnte es zu der Zeit noch nicht so recht zuordnen.

Nach der Schulzeit absolvierte ich eine Ausbildung zum Kaufmann und übte diesen Beruf über einen langen Zeitraum aus. Da ich ein sehr rastloser Mensch, und gerne in Gesellschaft der vielschichtigen Arten von Menschen bin, baute ich zusammen mit einem Partner ein Fitnessstudio auf, war Miteigentümer einer „In-Kneipe" und machte alles was mir sonst noch Spaß bereitete. Ich vertrieb Waren des täglichen Lebens, importierte sie, kaufte und verkaufte Immobilien in Spanien und entwickelte immer mehr die Fähigkeit des Vermögensaufbaus. Durch die Begegnung mit Profis aus dem Finanzbereich, hatte ich Mentoren gefunden, die mich als Berater weiter ausbildeten und mir den Kreislauf des Geldes, auf hohem Niveau, beibrachten.

So wurde ich Berater zum Thema Geld und Geldanlagen für eine Gesellschaft aus Luxembourg. Das ich dabei auch sehr gutes Geld verdient habe, nun ja, das können Sie sich sicherlich vorstellen.

Doch auch bei mir lief nicht alles nach Plan. Die dunklen Seiten und der damit zusammenhängende Absturz folgten. Vom Millionär zum Tellerwäscher, wäre eine Geschichte aus den 90er Jahren.

Alles verloren, kein Cent (damals noch Pfennig) mehr in der Tasche und die meisten „Freunde" waren plötzlich auch abgetaucht. Für viele Menschen wäre das ein Grund aufzugeben. Aufgeben? Ich? Das war für mich keine Option. Also besann ich mich auf meine bis dahin erlernten und angeeigneten Kompetenzen.

Ich bekam eine Anstellung als Team-Manager in einem großen Konzern. Doch bei all dem gesicherten Einkommen viel es mir im Laufe der Zeit immer schwerer diesen nine to five „Job" auszuführen. Mir fehlte die „Freiheit" auf die Team-Mitglieder und ihre individuellen Bedürfnisse und Fähigkeiten eingehen zu können.

Ich fragte mich, was mich in früherer Zeit angetrieben hatte und fasste dann den Entschluss meinem Herzen zu folgen. Menschen auf IHREM Weg mit Rat und Tat zur Seite zu stehen, DAS war mein Ding. Ich erinnerte mich, dass bereits in der Schulzeit mein Rat gefragt war und doch einige der Ratsuchenden Probleme mit der Umsetzung hatten. Die Lösung der Umsetzungsblockaden fand ich in den zahlreichen Ausbildungen zum Life-Coach, Potenzialtrainer und Kinder- und Jugendcoach.

Mir fiel auf, dass sich bereits in jungen Jahren Blockaden entwickeln können, und dass es Methoden gibt, diese aufzulösen. Die Unterstützung junger Menschen, aber natürlich auch älterer, habe ich mir von da an zur Lebensaufgabe gemacht und bis heute nicht bereut. Damit folge ich meiner Berufung und erreiche in meinen Trainings und Seminaren zahlreiche Menschen, um sie auf ihrem Weg zu begleiten.

Meine Seminare sind voller Power und die Teilnehmer ziehen sich durch alle Alters- und Gesellschaftsschichten.

Lassen Sie sich inspirieren, und vielleicht lernen wir uns auf einem meiner Seminare oder Trainings kennen!

Ich freue mich auf Sie!

mein Name ist Ingo Caspar, ich bin 42 Jahre jung und Vater eines Sohnes, der zu 50 % bei mir lebt.

Ich habe in meinem Leben einige Stationen und Turbulenzen erleben dürfen, und habe lange gebraucht um zu meiner Berufung zu kommen.

Eine Scheidung, leben im Patchwork mit drei Kindern, eine Insolvenz und Enttäuschungen mit Geschäftspartnern sind da ein paar dieser Herausforderungen.

Der Zusammenhalt meiner alten und neuen Familie ist für mich ein wichtiger Baustein in meinem Leben und ich bin sehr stolz darauf, dass dieses Zusammenleben gut funktioniert.

Weihnachten feiert die gesamte Familie, mit Ex-Frau, neuen Partner +Ex-Frau und Kind, Schwiegereltern und neuer Familie zusammen und feiert harmonische Festtage.

Dies erfordert von allen Beteiligten ein hohes Maß an Kommunikation und Empathie und den Gedanken im Kopf, dass wir Vorbilder für unsere Kinder sind.

Diese Herausforderungen zeigten mir immer wieder auf, dass die Strategien und die Kommunikation innerhalb von Konfliktsituationen, ein wichtiger Baustein meines Lebens sind und ich mit diesen Themen die Menschen als Unterstützer und Trainer gut erreichen kann.

Meine Jugend war geprägt von Desinteresse von Schule und nicht begreifen wollen warum manche Fächer für das Leben wichtig sein sollen.

Dieses Verhalten brachte mir einen Schulwechsel, zwei wiederholte Klassen und ein mäßiges Abschlusszeugnis ein.

Die Bühne war das wofür mein Herz schlug und Menschen zu erreichen, sei es im Theater oder mit Reden, aber im Ablauf des Lebens und den Tipps von der Schule und den Eltern und des Berufsinformationszentrums, begrub ich meinen Traum und machte eine Ausbildung zum Krankenpfleger.

Hier kann ich auch Menschen erreichen und ihnen etwas geben, doch schnell merkte ich in meiner Ausbildung, dass dafür oft gar keine Zeit vorhanden war.

Ich wechselte meinen Job und arbeitete auf einer akut geschlossenen Aufnahmestation und kam dort immer mehr mit den Themen Konflikte, Stress und Kommunikation in Berührung und bildete mich fort.

Nach einer Ausbildung als Deeskalationstrainer implementierte ich in dieser Klinik das Deeskalationsmanagement und gab Seminare zum Thema Stress und Konflikte.

Ich war wieder angekommen auf der Bühne, die ich als Kind verlies, aber ich traute mich lange nicht meinen Weg zu gehen.

In vielen Bereichen bildete ich mich weiter, Managementtrainer und Mediator, um immer weiter zu kommen.

Eines Tages merkte ich, dass die Mauern der Psychiatrie, für mich zu klein wurden und es an der Zeit ist meinen Weg zu gehen.

Jeden Morgen wachte ich in meinem alten Job auf und war unglücklich, nicht wegen der Arbeit, denn die Arbeit mit Menschen machte mir weiterhin große Freude, aber der Umgang innerhalb dieser Organisation war nicht getragen von Wertschätzung und Respekt.

Seitdem ich das tue, wofür mein Herz schlägt, bin ich bei mir angekommen und unterstütze zusammen mit Rainer viele Menschen ihren persönlichen, eigenen Weg auch zu finden und sich zu trauen, diesen zu gehen.

Ich freue mich, dich bald kennen zu lernen.

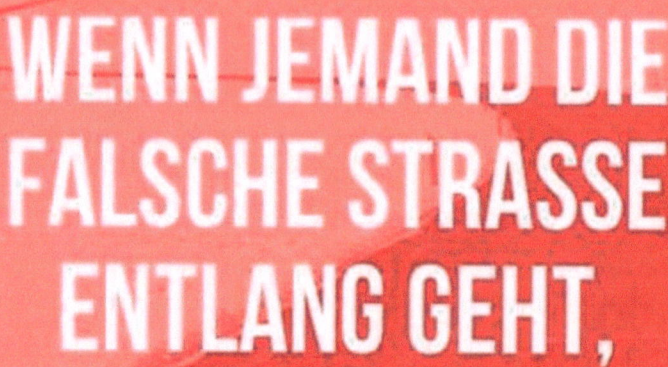

WENN JEMAND DIE FALSCHE STRASSE ENTLANG GEHT,

braucht er keine Motivation um schneller zu gehen. Was er braucht, ist Bildung und Unterstützung, um umzukehren.

Stell Dir vor es ist kompliziert und uns wäre das egal

60.000
GEDANKEN AM TAG

3% DAVON SIND
UNTERSTÜTZENDE GEDANKEN.
KOMME DEINEN GEDANKEN
AUF DIE SCHLICHE.
1 STEP: NOTIERE
DIR JEDEN TAG DEINE IN
ERINNERUNG BLEIBENDEN GEDANKEN...

Störende Gedanken

Kommt ein Mann zu einem hawaiianischen Inselhäuptling und bittet ihn:

„Bitte befreie mich von meinen störenden Gedanken."

Darauf der Häuptling:

„Schau Dir an, wie es die Auster macht. Wenn etwas Störendes in sie eindringt und sie sich davon nicht befreien kann – macht sie eine Perle daraus!"

AM GLÜCKSTAG

ERFREUE DICH DEINES GLÜCKES
UND AM UNGLÜCKSTAG SIEH
EIN: AUCH HIER WIRST DU FÜR
DEIN LEBEN ETWAS GELERNT
HABEN

Bist Du Dir Deiner Glücksmomente im Leben bewusst?

Wir Menschen neigen dazu, Glücksmomente als selbstverständlich anzusehen, und uns eher auf das Negative zu fokussieren.

Was waren Deine drei letzten Glücksmomente:

1.

2.

3.

Wenn uns etwas Negatives passiert, kann es sein, dass wir uns darin verlieren.

Was hast Du aus den letzten negativen Erlebnissen gelernt?

1.

2.

3.

EIN FREUNDLICHER

BLICK

ERFREUT DAS HERZ
UND EIN ERFÜLLTES
HERZ ÖFFNET TÜREN

Ein Lächeln!

Es kostet nichts und bringt viel ein.

Es bereichert den Empfänger, ohne den Geber ärmer zu machen.

Es ist kurz wie ein Blitz, aber die Erinnerung daran ist oft unvergänglich.

Keiner ist so reich, dass er darauf verzichten könnte, und keiner so arm, dass er es sich nicht leisten könnte.

Es bringt Glück ins Heim, schafft guten Willen im Geschäft und ist das Kennzeichen für Freundschaft.

Es bedeutet für den Müden Erholung, für den Mutlosen Ermunterung, für den Traurigen Aufheiterung und ist das beste Mittel gegen Ärger.

Man kann es weder kaufen noch erbitten, noch leihen oder stehlen, denn es hat erst dann einen Wert, wenn es verschenkt wird.

Wenn in den letzten Minuten des Wochenend-Einkaufsrummels unser Verkaufspersonal zu erschöpft sein sollte, um Ihnen ein Lächeln zu schenken, dürfen wir Sie dann vielleicht bitten, uns eines von Ihren dazulassen?

Denn niemand braucht so bitternötig ein Lächeln wie derjenige, der für andere keines mehr übrig hat!

aus: „Wie man Freunde gewinnt" von Dale Carnegie

EIFERSUCHT UND ÄRGER

VERKÜRZEN DAS LEBEN UND SORGEN MACHEN VORZEITIG ALT!

Will ich in eine Klärung investieren?
Wenn JA, warum?

Bin ich in meiner Ehre gekränkt?
Wenn JA, warum?

Ist mir diese Beziehung wichtig?
Wenn JA, warum?

Neige ich zur Opferhaltung?
Wenn JA, warum?

Welche Charaktereigenschaft steht mir bei einer erfolgreichen Konfliktbearbeitung im Weg?

Welche Absichten unterstelle ich meinem Gegenüber?

Wie könnte mein Gegenüber über meine Gedanken denken?

Beziehung

Niemand und nichts ist vollkommen, das gilt auch für dich. Überdenke dies bei jeder Kritik die du anbringst

Beziehung!

Wir blicken in allen Situationen unseres Lebens durch unsere Brille, glauben auch, dass unsere Brille die einzige ist, die die Wahrheit sieht.

Doch wir entdecken unsere Welt auch nur durch diese eine Brille, und diese hängt von vielen Faktoren ab, was diese sehen kann und will.

Akzeptiere, dass es auch andere Brillen gibt und wenn Dich etwas an einem anderen Menschen stört, dann versuche auch einmal durch seine Brille zu schauen.

Wenn wir alle durch unterschiedliche Brillen schauen, machen Diskussionen überhaupt Sinn?

Auch Umwege erweitern unseren Horizont

Ernst Ferstl

Der Umweg!

Als Umweg bezeichnet man die Abweichung vom kürzesten Weg. Dieser kann sich als äußerst lohnenswert herausstellen.
Denn wenn wir immer nur den gleichen Weg gehen, dann bekommen wir immer das gleiche Ergebnis.
Was sich als Umweg herausstellt, ist aber vielleicht genau der Weg, den ich gehen musste, um meine Dinge anzugehen, die wirklich wichtig sind. Und am Ende passieren Dinge, die wir so gar nicht weiter bedacht haben…

Dalai Lama

* * *

Lass das Verhalten
anderer nicht deinen
inneren Frieden stören

Das eigene Glück!

Es gibt immer wieder Menschen, die Unruhe, Stress und Unfrieden in das Leben anderer bringen. Doch wie Du auf diese Impulse von außen reagierst, ist sehr wichtig, wenn Du Dein Leben selbstbestimmt leben willst.

Doch davon sollte man sich nicht beeinflussen lassen, um das eigene Glück nicht zu gefährden.

Verantwortung für unsere Gefühle zu übernehmen, ist in diesem Zusammenhang von ganz besonderer Bedeutung. Denn so können wir uns gegen die kleinen und großen Manipulationen von außen schützen.

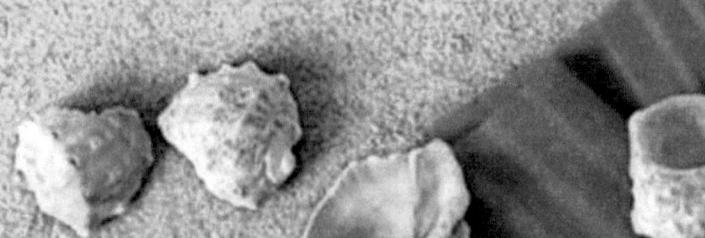

DU ALLEIN
BESTIMMST
WER DU BIST ODER WER DU IN
ZUKUNFT SEIN WILLST!
- GLAUB AN DICH -

Du allein!

Schreibe hier einmal 5 positive Eigenschaften von Dir auf.
Wenn Dir selbst keine einfallen, dann frag Dein Umfeld.

1.

2.

3.

4.

5.

Werde Dir jeden Tag bewusst, was alles in Dir steckt und welche Talente Du hast!

Es ist nicht entscheidend, was andere über Dich sagen und ob sie Deine Talente auch entdecken.

MACH MAL DAS HANDY AUS!

Zeit für dich und ohne Ablenkung das tun was dich glücklich macht.
30 min am Tag Zeit für dich!
-Raus aus der inneren Zwangsjacke -

Zeit für Dich!

Es ist die Qualitätszeit des Tages.
Bewusste Entscheidungen für ein
bewusstes Leben.
30 Minuten ohne jegliche Ablenkung
nur für Dich,
nur für Deine Bedürfnisse!
Was sich einfach anhört ist für viele
Menschen eine Herausforderung.
Für den Anfang notiere Dir was Du
in den ersten Tagen mit Deiner
Qualitätszeit anfangen willst.

1.

2.

3.

4.

5.

EHRLICHKEIT

DU KANNST DICH HINSTELLEN
UND ALLEN ANDEREN SAGEN DAS
SIE SCHULD HABEN UND IHRE
THEMEN ODER ABER IN DEN
SPIEGEL SCHAUEN UND ERSTMAL
SCHAUEN WAS DEIN ANTEIL
DARAN IST.
SEI EHRLICH ZU DIR SELBST
BEVOR DU AUF ANDERE ZEIGST!

Die Welt in Ordnung bringen!

Ein kleiner Junge kam zu seinem Vater und wollte mit ihm spielen. Der aber hatte keine Zeit für den Jungen und auch keine Lust zum Spiel. Also überlegte er, womit er den Knaben beschäftigen könnte.

Er fand in einer Zeitschrift eine komplizierte und detailreiche Abbildung der Erde. Dieses Bild riss er aus und zerschnipselte es dann in viele kleine Teile. Das gab er dem Jungen und dachte, dass der nun mit diesem schwierigen Puzzle wohl eine ganze Zeit beschäftigt sei.

Der Junge zog sich in eine Ecke zurück und begann mit dem Puzzle. Nach wenigen Minuten kam er zum Vater und zeigte ihm das fertig zusammengesetzte Bild.

Der Vater konnte es kaum glauben und fragte seinen Sohn, wie er das geschafft habe.

Das Kind sagte: „Ach, auf der Rückseite war ein Mensch abgebildet. Den habe ich richtig zusammengesetzt. Und als der Mensch in Ordnung war, war es auch die Welt."

Friedrich Hebbel

Jedenfalls ist es besser, ein eckiges
Etwas zu sein als ein rundes Nichts

Individualität hatte schon immer
Ecken und Kanten.
Man entspricht nicht den Erwartungen
der Gesellschaft.
Die „Ecken und Kanten" eines
Menschen stehen sie doch für
Individualität,
Ehrlichkeit und Selbstverwirklichung.
Doch wer sich rund machen,
schleifen lässt,
der büßt seine Persönlichkeit ein und
macht sich auswechselbar.

Notiere 5 individuelle Stärken von Dir:

1.

2.

3.

4.

5.

ZEIT

Ist unser wertvollster Besitz!
Gehe bewusst mit dieser
deiner Zeit um.
Verschwende Sie nicht für
Hass und Missgunst
sondern für Liebe und
Wachstum

Die Zeit!

Der Papst hatte sich zuvor bei ihm beklagt, dass er vor lauter Arbeit und Beschäftigung gar nicht mehr zum Beten komme und darüber ganz unglücklich sei. Statt ihn zu bemitleiden, ermahnte ihn der Mönch: Er sei selber schuld, wenn er so viel arbeite, wenn er meine, jedem Bittsteller helfen zu müssen und sich auf alle Angelegenheiten einlassen zu müssen. Gerade weil er eine verantwortungsvolle Stellung innehabe, sei es notwendig, dass er für sich selbst sorge. Denn: „Wer nicht für sich selbst sorgt, wird mit seiner Sorge für die anderen keinen Segen bringen!"

Sie werde ihn vielmehr innerlich verhärten und bitter werden lassen. Wenn er den anderen so viel Zeit gönne, so soll er auch sich selbst genügend Zeit gönnen, damit seine Seele atmen könne, damit er das Leben spüre. Aber er solle sich nicht nur Zeit gönnen, sondern sich auch sich selbst gönnen.

Buchauszug aus „Wo die Seele auftankt – die besten Möglichkeiten, ihre Ressourcen zu aktivieren"

MASKE

ES GIBT MENSCHEN DIE BAUEN SICH EIN
FÜR ANDERE PERFEKT AUSSEHENDES
LEBEN SIND ABER IM HERZEN
ERLOSCHEN UND UNGLÜCKLICH!
-LEBE DEIN LEBEN FÜR DICH UND DEIN
GLÜCK-

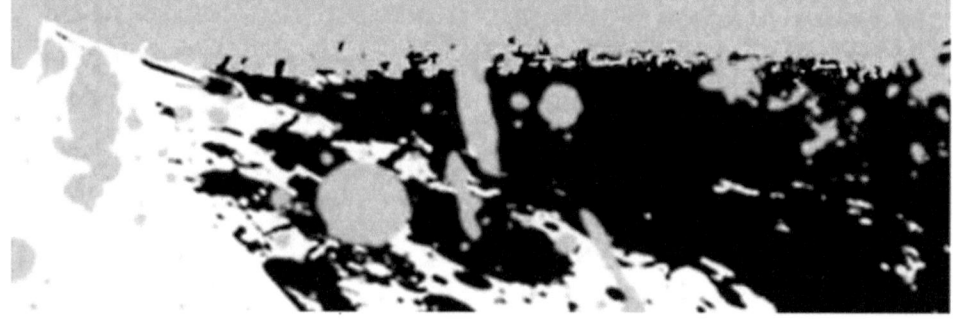

Da siehst du das Glück!

Ein weiser Meister wurde von seinen Schülern gefragt, warum die Menschen oft so unglücklich sind, selbst wenn sie alles haben.

Der Meister ging mit seinen Schülern zu einer Gruppe von Kindern, die ein paar Meter weiter auf der Straße fröhlich spielten. Er sagt:

„Schaut, da seht ihr das Glück vor euch! Und nun schaut zu, wie es verloren geht."

Da ging der Meister zu den Kindern und warf mitten in ihr Spiel einige Geldmünzen. Und es dauerte nur wenige Sekunden, bis eine wilde Keilerei um die Münzen begann. Die Kinder schrien, stritten, weinten, zogen sich an den Haaren … das unbeschwerte Glück war plötzlich dahin.

Der Meister sagte ruhig:

„Sobald der Kampf um Anerkennung und ums Bessersein beginnt oder auch nur der Wunsch danach unsere Aufmerksamkeit in ihren Bann zieht, ist das Glück anderswo."

Verfasser unbekannt

Er-Ziehung

Zieh nicht an deinen
Kindern, sei Unterstützer
und Mutmacher. Gib
deinen Kindern mit auf den
Weg das sie alles erreichen
können.
- deine Grenzen sind nicht
die Grenzen deiner Kinder-

Die Karotte, das Ei und die Kaffeebohnen

Eine Tochter beklagt sich bei ihrer Mutter darüber, dass das Leben so schwer sei und sie nicht wisse, wie sie damit klarkommen solle.
Die Mutter nimmt ihre Tocher mit in die Küche.

Sie füllt drei Töpfe mit Wasser, stellt sie auf den Herd und erhitzt das Wasser. In den einen Topf gibt sie Karotten, in den anderen Eier und in den dritten Kaffeebohnen. Nach einigen Minuten schüttet sie die Karotten in eine Schüssel, legt die Eier auf einen Teller und schüttet den Kaffe in eine Tasse.

"Was siehst du?", fragt die Mutter ihre Tochter.
"Karotten, Eier und Kaffee", antwortet diese.

Die Mutter bittet die Tocher, die Karotten in die Hand zu nehmen. Diese waren weich. Sie bittet die Eier zu schälen und diese waren innen hart. Und sie bittet den Kaffee zu probieren, der sehr aromatisch war.

"Was soll das?", fragt die Tochter.
Die Mutter erklärte, dass die Karotten, Eier und Kaffeebohnen alle dem gleichen Einfluss, dem heißen Wasser ausgesetzt waren. Alle 3 haben jedoch unterschiedlich darauf reagiert. Die Karotten waren erst hart, danach weich. Die Eier waren erst zerbrechlich und innen weich, danach waren sie innen hart. Die Kaffeebohnen haben sich aufgelöst und das Wasser in Kaffee verwandelt.

"Was bist du, wenn Probleme an deine Tür klopfen, eine Karotte, ein Ei oder eine Kaffeebohne? Wie reagierst du?", fragt die Mutter ihre Tochter.

"Bist du eine Karotte, die stark zu sein scheint, wenn sie jedoch mit Problemen in Berührung kommt, weich wird und ihre Stärke verliert? Bist du ein Ei mit einem weichen Herz, das versteinert und hart wird, wenn du auf Probleme stößt? Oder bist du eine Kaffeebohne, die das heiße Wasser in Kaffee verwandelt, d.h. das Problem als Chance sieht, etwas Neues daraus entstehen zu lassen?"

Das Kompliment
des Tages
Du bist so wie Du bist
einfach wundervoll!
Schön das es Dich in
meinem Leben gibt

Du bist wundervoll!

Schreibe 5 Personen auf, denen Du heute sagen wirst, was sie Dir bedeuten:

1.

2.

3.

4.

5.

Ent-täuschungen

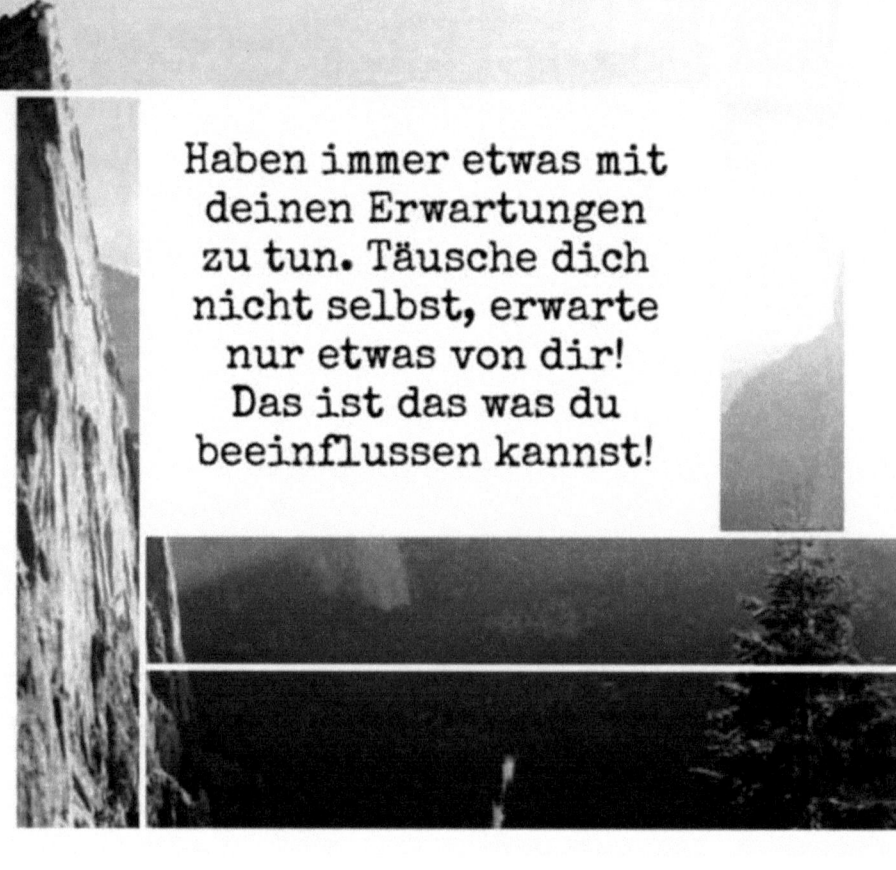

Haben immer etwas mit
deinen Erwartungen
zu tun. Täusche dich
nicht selbst, erwarte
nur etwas von dir!
Das ist das was du
beeinflussen kannst!

Die goldene Schachtel

Es war Weihnachten und die kleine Tochter überreichte dem Vater eine golden verpackte Schachtel.

Sie hatte dafür das gesamte, wertvolle Geschenkpapier aufgebraucht und weil das Geld knapp war, war der Vater darüber verärgert. Als er dann das Geschenk öffnete und sah, dass die Schachtel leer war, schimpfte er los:

"Weißt du denn nicht, junge Dame, dass wenn man jemandem ein Geschenk gibt, auch etwas in der Verpackung sein soll?" fragte er.

Die Augen seiner Tochter füllten sich mit Tränen und sie sagte: "Aber Papa, die Schachtel ist nicht leer. Ich habe so viele Küsschen hineingetan, bis sie ganz voll war."

Beschämt nahm der Vater seine Tochter in den Arm und bat sie um Verzeihung.

DERJENIGE

DER ETWAS ZERBRICHT, UM HERAUSZUFINDEN, WAS ES IST, HAT DEN PFAD DER WEISHEIT VERLASSEN!

Heute hat mir ein Freund ins Gesicht geschlagen

Einmal wanderten zwei Freunde durch die Wüste. Plötzlich gerieten sie in einen heftigen Streit miteinander. Dabei schlug der eine dem anderen im Zorn ins Gesicht.Ohne ein Wort zu sagen, kniete der Geschlagene nieder und schrieb folgende Worte in den Sand:

„Heute hat mir mein Freund ins Gesicht geschlagen."

Dann wanderten sie schweigend weiter bis sie zu einer Oase kamen. Sie beschlossen, in den Teich zu springen. Der Freund, der geschlagen worden war, blieb plötzlich im Schlamm stecken und drohte zu ertrinken. Sein Freund rettete ihn in letzter Minute.

Nachdem sich jener, der beinahe ertrunken war, erholt hatte, nahm er einen Stein und ritzte in diesen folgende Worte hinein:

„Heute hat mir mein bester Freund das Leben gerettet."

Der Freund, der den anderen geschlagen und auch gerettet hatte, fragte erstaunt. „Als ich dich gekränkt hatte, hast du deinen Satz nur in den Sand geschrieben, aber nun ritzt du die Worte in einen Stein. Warum schreibst du diese Worte nicht auch hier in den Sand."

Der andere antwortete ihm. „Wenn uns jemand kränkt oder beleidigt, sollten wir es in den Sand schreiben, damit der Wind des Verzeihens es wieder löschen kann. Aber wenn jemand etwas tut, was für uns gut ist, dann können wir das in einen Stein gravieren, damit kein Wind es jemals löschen kann."

Während Herz und Verstand sich streiten,

steht Dein Instinkt lässig,
breit grinsend in der
Ecke und weiß als
einziger genau Bescheid!

Das Leid der Oase

Es war einmal eine wundervolle Oase. Sie grünte in einer Pracht, die schöner kaum sein konnte.
Eines Tages blickte die Oase um sich, sah sie aber nichts anderes als die Wüste rings um sich. Vergebens suchte sie nach ihresgleichen und wurde ganz traurig.

Laut begann sie zu klagen: „Ich unglückliche, einsame Oase! Allein muss ich bleiben! Nirgends meinesgleichen. Nirgends jemand, der Freude an mir und meiner Pracht hat. Nichts, als die traurige, sandige, felsige, leblose Wüste umgibt mich. Was helfen mir hier in meiner Verlassenheit all meine Vorzüge und Reichtümer?"

Da sprach die alte und weise Mutter Wüste:
„Mein Kind, wenn es denn anders wäre und nicht ich – die traurige, dürre Wüste – dich umgäbe, sondern wenn alles um dich herum blühend, grün und prachtvoll wäre, dann wärst du keine Oase. Du wärst dann kein begünstigter Fleck, von dem, noch in der Ferne die Wanderer rühmend erzählen. Du wärst dann nur ein kleiner Teil von mir und bliebest unbemerkt. Darum also ertrage in Geduld, was die Bedingung deiner Auszeichnung und deines Ruhmes ist!"

Bei neuen Erfahrungen,

darf ich mich auch neu entscheiden!

Der Korb des alten Mannes

Es war einmal ein Waisenjunge. Er zog von Dorf zu Dorf, immer auf der Suche nach etwas Essbarem und einem Dach über dem Kopf.

Eines Tages traf der Junge auf einen alten Mann, der ebenfalls von Dorf zu Dorf wanderte. Sie beschlossen, gemeinsam weiterzugehen.

Der alte Mann trug einen großen, zugedeckten Weidenkorb, der offenbar sehr schwer war, denn der Alte lief tief gebeugt und stöhnte hin und wieder unter der Last. Als sie Rast an einem Bach machten, stellte der alte Mann seinen Korb erschöpft auf den Boden.

Der Junge fragte: „Soll ich deinen Korb für dich tragen?"

„Nein," antwortete der Alte, „den Korb kannst du nicht für mich tragen. Ich muss ihn ganz allein tragen."

„Was ist denn in dem Korb?" fragte der Junge, doch er erhielt keine Antwort.

Viele Tage wanderten die beiden gemeinsam. Nachts, wenn der Alte glaubte, dass der Junge schlief, kramte er in seinem Korb herum und sprach leise mit sich selbst.

Es kam der Tag, an dem der alte Mann nicht mehr weitergehen konnte. Er legte sich nieder, um zu sterben. Und er sprach zu dem Jungen: „Du wolltest wissen, was in meinem Korb ist, nicht wahr? In diesem Korb sind all die Dinge, die ich von mir selbst glaubte und die nicht stimmten. Es sind die Steine, die mir meine Reise erschwerten. Auf meinem Rücken habe ich die Last jedes Kieselsteines des Zweifels, jedes Sandkorn der Unsicherheit und jeden Mühlstein des Irrwegs getragen, die ich im Laufe meines Lebens gesammelt habe. Aber ach – ohne sie hätte ich so viel weiter kommen können im Leben. Statt meine Träume zu verwirklichen, bin ich nun nur hier angekommen." Und er schloss die Augen und starb.

Der Junge ging zu dem Korb und hob den Deckel ab. Der Korb, der den alten Mann so lange niedergedrückt hatte, war leer.

DEIN HERZ

IST EIN KLEINER
WIEDERSTÄNDIGER MUSKEL
DEM DU VERTRAUEN KANNST.
GERADE IN GEFÜHLT
SCHWEREN ZEITEN!

Über das Glück!

Ein Geschäftsmann kam zum Meister und wollte von ihm wissen, was das Geheimnis eines glücklichen Lebens sei.

Sagte der Meister: „Mach jeden Tag einen Menschen glücklich!"

Und er fügte nach einer Weile hinzu: „… selbst wenn dieser Mensch du selbst bist."

Und noch ein wenig später sagte er: „Vor allem, wenn dieser Mensch du selbst bist."

KLEINER TIPP

EIN PASSWORT

FUR

GLÜCKLICHES

LEBEN:

HUMOR

Lachen hilft nachweislich gegen Schmerzen!

In allen Religionen der Welt kommen humorvolle Geschichten als Transportmittel für Paradoxien, Optimismus, Verständnis und Heilung vor. Lachen hilft nachweislich gegen Schmerzen, senkt den Blutdruck und baut Stress ab. Lachen ist die beste Medizin.

Ein Planet zum anderen: „Oh, so ein Mist, ich habe Menschen."

Der andere: „Mach dir keine Sorgen. Das geht schnell vorbei."

Manchmal finden wir
. . .
im Sturm des Lebens
unsere wahre
Richtung

Der Baum!

Ein Gärtner beabsichtigte einen schönen, neuen Baum zu pflanzen. Er sollte die besten Voraussetzungen zum Wachsen haben. Einfach die besten, die ein Baum nur haben kann. Also hob er weiträumig um die Einpflanzungsstelle den Boden aus und entfernte alle Steine und alles was den Wurzeln des Baumes im Wege sein konnte.

Dann nahm er die weichste und lockerste Erde, die zu finden war, und schüttete sie in die vorgegrabene Vertiefung und setzte den jungen Baum hinein. Die Wurzeln sollten es so leicht wie möglich haben, sich ihren Weg zu bahnen. Ja sie sollten sich ungehindert entfalten können und sich nicht durch harten Boden kämpfen müssen, und kein Stein, sollte ihre Bahnen stören.

Der Baum wuchs schnell in die weiche Erde hinein und begann seine Wurzel in ihr auszubreiten und mit aller Kraft schoss er in die Höhe. Der Gärtner sah es mit Freude, gab dem Baum die beste Düngung und schnitt ihm den Weg zum Licht frei, indem er alle Pflanzen in der Umgebung beseitigte. So brauchte der Baum sich nicht mühen und hatte Nahrung, Licht und Helligkeit im Überfluss. Schließlich war er zu beträchtlicher Höhe emporgeschossen.

Da geschah es, dass eines Tages ein großer Sturm heranzog und mit gewaltigen Böen über das Land brauste. Der Wind griff nach dem Baum und zerrte an seinen Zweigen und Ästen und da die Pflanzen in der Umgebung alle kurz gehalten waren, traf ihn die Gewalt des Sturmes schutzlos.

Gleichfalls wäre es für einen Baum dieser Größe ein leichtes gewesen, dem Sturm zu widerstehen, doch die Wurzeln griffen nur in weichen Boden, fanden keinen Halt und keinen Stein, den sie umklammern konnten. Nirgendwo hatten sie sich durchgekämpft, nirgendwo sich Platz schaffen müssen. So drückte der Sturm den schönen Baum zur Seite, riss ihn mit samt seinen Wurzeln aus und warf ihn zu Boden.

DAS GRÖSSTE GESCHENK, DAS DU JEMANDEM MACHEN KANNST, IST DEINE UNEINGESCHRÄNKTE AUFMERKSAMKEIT

Das Geschenk

Ein alter Mann saß in einem Bus. In seinem Arm hielt er einen wundervollen Blumenstrauß.

Ein junges Mädchen konnte ihren Blick nicht von der Blumenpracht lassen. Immer wieder schaute sie zu den bunten Blüten und lächelte scheu.

Kurz vor der nächsten Haltestelle stand der Mann auf und ging zu dem Mädchen. Er reichte ihr den Strauß und sagte: „Ich habe gesehen, dass du diese Blumen liebst. Sie sind eigentlich für meine Frau. Aber ich denke, meine Frau würde gerne, dass du sie bekommst. Ich gehe jetzt zu ihr und erzähle ihr, dass ich dir die Blumen geschenkt habe."

Das Mädchen nahm den Strauß mit einem nun strahlenden Lächeln.

Als der alte Mann ausstieg, sah sie ihm noch nach. Und er verschwand durch ein Tor, welches zu einem kleinen Friedhof gehörte.

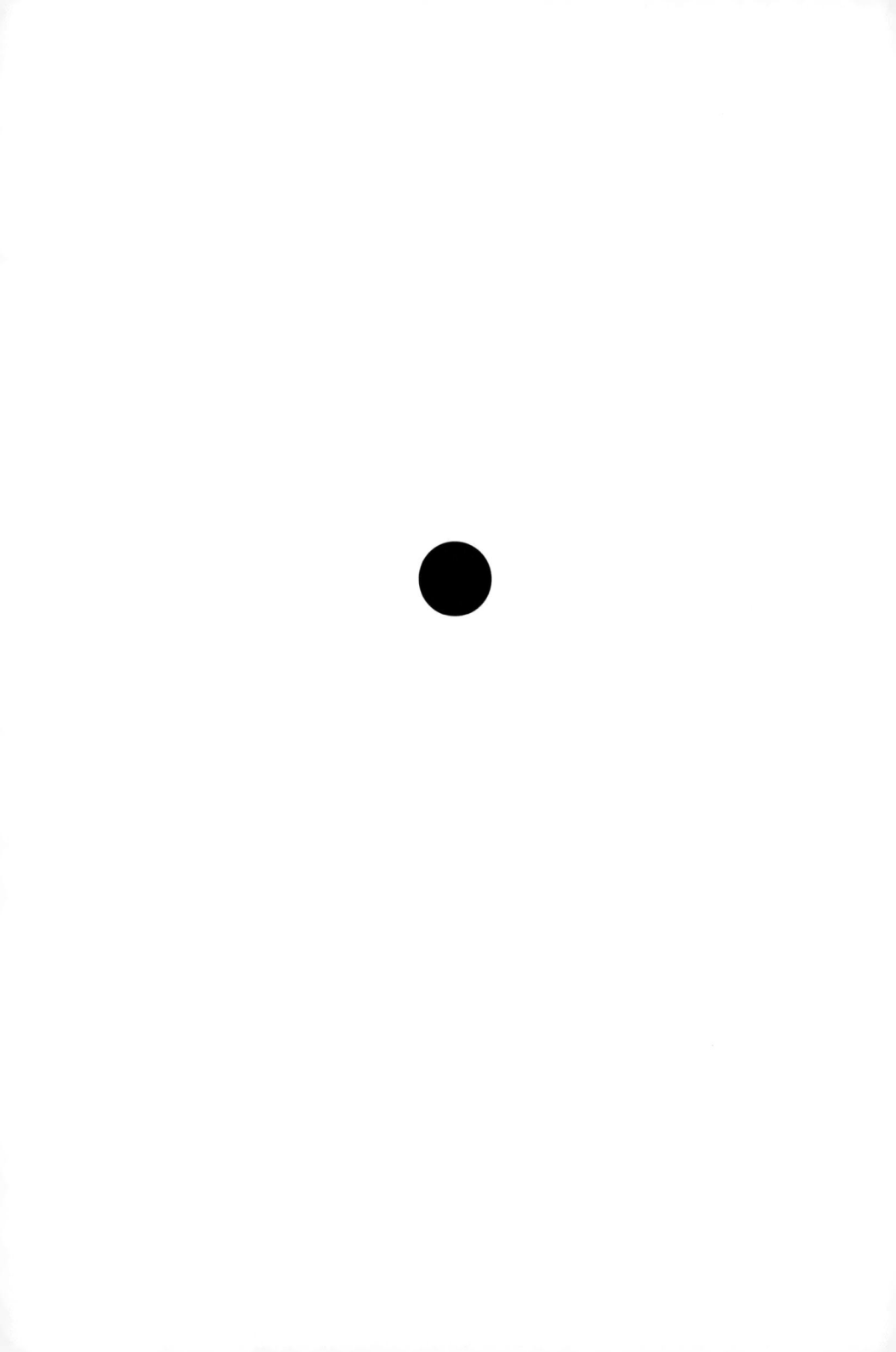

Der schwarze Punkt

Eines Tages kam ein Professor in die Klasse und schlug einen Überraschungstest vor. Er verteilte sogleich das Aufgabenblatt, das wie üblich mit dem Text nach unten zeigte. Dann forderte er seine Studenten auf die Seite umzudrehen und zu beginnen. Zur Überraschung aller gab es keine Fragen – nur einen schwarzen Punkt in der Mitte der Seite. Nun erklärte der Professor folgendes:

„Ich möchte Sie bitten, das auf zuschreiben, was Sie dort sehen."
Die Schüler waren verwirrt, aber begannen mit ihrer Arbeit.

Am Ende der Stunde sammelte der Professor alle Antworten ein und begann sie laut vorzulesen. Alle Schüler ohne Ausnahme hatten den schwarzen Punkt beschrieben – seine Position in der Mitte des Blattes, seine Lage im Raum, sein Größenverhältnis zum Papier etc.

Nun lächelte der Professor und sagte:
„Ich wollte Ihnen eine Aufgabe zum Nachdenken geben. Niemand hat etwas über den weißen Teil des Papiers geschrieben. Jeder konzentrierte sich auf den schwarzen Punkt – und das gleiche geschieht in unserem Leben. Wir haben ein weißes Papier erhalten, um es zu nutzen und zu genießen, aber wir konzentrieren uns immer auf die dunklen Flecken.

Unser Leben ist ein Geschenk, das wir mit Liebe und Sorgfalt hüten sollten und es gibt eigentlich immer einen Grund zum Feiern – die Natur erneuert sich jeden Tag, unsere Freunde, unsere Familie, die Arbeit, die uns eine Existenz bietet, die Wunder, die wir jeden Tag sehen …….

Doch wir sind oft nur auf die dunklen Flecken konzentriert – die gesundheitlichen Probleme, der Mangel an Geld, die komplizierte Beziehung mit einem Familienmitglied, die Enttäuschung mit einem Freund usw.

Die dunklen Flecken sind sehr klein im Vergleich zu allem, was wir in unserem Leben haben, aber sie sind diejenigen, die unseren Geist beschäftigen und trüben.

Nimm die schwarzen Punkte wahr, doch richte Deine Aufmerksamkeit mehr auf das gesamte weiße Papier und damit auf die Möglichkeiten und glücklichen Momente in Deinem Leben!!!

NICHT Das
WISSen IST
enTSCHEIDenD,

sonDern
Das Tun!

Aus dem Weg

Ein alter Kaufmann zieht mit seinem Wagen aus der wunderschönen Stadt Venedig hinaus. Sein Esel tut ihm gute Dienste und zieht den Karren rasch voran.

Nach einer Weile erreicht er eine verengte Stelle, die zwei Karren nicht nebeneinander passieren können.

Just in diesem Moment kommt ihm ein zweiter Karren entgegen.

Der andere blickt ihm grimmig in die Augen und ruft: "Geh mir aus dem Wege, alter Mann, oder ich mache das Gleiche was ich in Montecasino tat."

Erschrocken und verängstigt macht der alte Mann sogleich Platz.

Nachdem der Mann mit seinem Karren vorüber gezogen ist, fasst sich der alte Kaufmann ein Herz und fragt schüchtern: "Was hast du denn in Montecasino getan?"

"Nun", antwortet der andere "dort bin ich ausgewichen und habe Platz gemacht."

(unbekannte Quelle)

Lachen steckt an

Die Welt scheint müde
zerrissen und krank
Ihr braucht Hoffnung
aber glaubt an die Angst.

Sünder wie Gerechte
Ihr dürft es wagen
Ihr könnt der Angst
in die Fresse schlagen,
in die Fresse schlagen!

Bei allen Tränen
es wird auch irgendwo gelacht
lachen steckt an
und weckt des Menschen eigene Kraft
Spann'nen Bogen, Bau'ne Brücke
les' die Scherben auf

Früher war Gut
jetzt ist Besser
Wir wollen für das gute kämpfen
zückt euer Messer

Spürt ihr den Drang
das Aufbegehren
seit einzig, nicht artig
und werdet noch viel mehr
werdet noch viel mehr.

Bei allen Tränen
es wird auch irgendwo gelacht
lachen steckt an
und weckt des Menschen eigene Kraft
Spann'nen Bogen, Bau'ne Brücke
les' die Scherben auf.
Der Himmel kann warten
und deine Hölle, die Hölle auch.

(Songtext Der W!)

Für jede Minute
die Du dich
ärgerst,
gehen eine
Minute Glück
verloren

Das Leben ist herrlich

Zu einem alten Rabbi kam ein Mann und klagte:
"Rabbi, mein Leben ist nicht mehr erträglich. Wir
wohnen zu sechst in einem einzigen Raum. Was soll
ich nur machen?" Der Rabbi antwortete:
"Nimm Deinen Ziegenbock mit ins Zimmer."

Der Mann glaubte nicht recht gehört zu haben.
"Den Ziegenbock mit ins Zimmer?"
"Tu, was ich Dir gesagt habe", entgegnete der Rabbi,
"und komme in einer Woche wieder."

Nach einer Woche kam der Mann wieder, total am
Ende. "Wir können es nicht mehr aushalten, der
Bock stinkt unerträglich." Der Rabbi sagt zu ihm:
"Geh nach Hause und stell den Bock wieder in den
Stall. Dann komm nach einer Woche wieder."

Die Woche verging. Als der Mann zurückkam,
strahlte er über das ganze Gesicht. "Das Leben ist
herrlich, Rabbi. Wir genießen jede Minute.
Kein Ziegenbock – nur wir sechs."

(Autor unbekannt)

Wenn Du Sonnenstrahlen,
in Dein Leben bringst, werden deine
Strahlen auch andere treffen

Maßlos glücklich

Die Geburt seines ersten Kindes erfüllte den Meister mit großer Freude. Staunend blickte er das Neugeborene immer wieder an.

"Was soll er einmal sein, wenn er groß ist?" fragte ihn jemand.

"Maßlos glücklich." antwortete der Meister.

(Anthony de Mello, ind. Theologe, 1931-1987)

LERNE MIT DEM WAS DU HAST, GLÜCKLICH ZU SEIN, WÄHREND DU DAS, WAS DU WILLST KONTINUIERLICH VERFOLGST!

FSC
www.fsc.org

MIX

Papier aus ver-
antwortungsvollen
Quellen
Paper from
responsible sources

FSC® C105338